攝政宮殿下
秩父宮殿下
高松宮殿下

大日本剣道範士
大日本居合術範士
中山博道箸

劍道手引草

第一輯

（第一圖）

（第二圖）

（第三圖）

（第四圖）

劍道手引草序

中山博道先生は、近代斯道の大家である。頃日一書を著はして序を予に需めらる。予は弱年より劍道を學び、今日身神の健康は、之に負ふ所多きと信ずる故、敢て所感を述べて序に代へる譯である。劍道は單に體育と云ては物足りない、最も適當なる精神の修養法たる事は、予の今更申迄もなく、本書中にも述べられてある。抑も精神と身體とは、離る可らざる關係がある。精神の緊張なき運動は、運動としても價値が少ない。劍を持つて立ち、敵に向つた時は、全身の筋肉及肢體は、總て一瞬の下に活動す可く緊張して居るのである。卽ち元氣全身に滿ち滿ちたる狀態にあるのである。而も中樞たる精神は、無念無想他の雜念邪念なくして、始めて變に應じ機に處して過らざる事が出來るのである。靜中の動、動中の靜、人間精神狀態の活潑々地なる最高の有様にあるのである。それ故に劒道には、狐疑心色付き他人の狀態動作等の暗示を受くる事は禁物である。元來劒道は、互に速さを競ひて打ち合ふ技術では無い、他の精神を征服し、敵を制御する修養である。又自巳が他の暗示により制肘を受けない。譬へば大空の明月の如く、點滴の落つる刹那、既に其影は水滴中に宿る樣な心境を修養するのである。古人が水月とか、石火の位とか、天地と同體などと譬へたのは、之に他ならないと思ふ。此の如き心境で日常居られたら、一切の精神上の苦惱などなく、行住坐臥公明正大身體も從て健康、所謂仁者壽がしと云ふ樣になるのである。精神を閑却して唯外界よりの附け燒き刄的の運動によるのみにては、以上云た事より保健の眞諦に觸れて居ない譯である事が分ると思ふ。加之ならず身體の上から云ふも、劒道練習は全身一點の弛みなき運動であつて、理想的の者である。若し夫れ技了つて淋漓たる流汗を、冷水を以て摩し去るの時の爽感は、此技に携つた人でなければ分らぬ快さである。嚴冬、三伏の寒暑も全く超越する事が出來る。先生が先づ精神の修養、不動心を說いて、更に初學の爲め深切に技術の說明迄、及ばされたのは用意周到であつて、眞に良書と信ずる。之を世の靑年諸君に推奬して剛健の身神を練磨する事を望むと共に、此の良書を得たるを喜ぶ次第である。

大正十二年三月

醫學博士　佐々木隆興

序

開說劍道に主とする所のもの四あり、勝を爭ふこと其一、久しきに堪ゆること其二、品位を持すること其三、氣力を集中すること其四、此四つのものは誠に是れ劍道の要諦にして苟も忽にすべからざる所なりと。實に勝を爭ふは能く對者の虛盈進退を洞察する明敏なる頭腦と、機に臨み變に應して刹那も遲滯する所なき敏活なる身體を養ふに足り、久しきに堪ゆるの修養は世間百般の業事に處して、確固不拔の心身を錬るに足る可く、品位を持するの道に至りては、劍道の最も重しとする所にして、居常禮を以て始終すべきは勿論、常に公正の態度を失はず、彼の目的の爲めに手段を撰ばさるか如きは劍道家の最も惡むところにして、之れによりて養ひ得たる所のもの、自ら崇高なる人格を生むに至るべし。予は氣合の充實を以て氣力の集中と解す、事に所して逡巡する所なく、一意專心之に當るの習慣は、亦劍道によりて之れを養ふことを得ん、誠に劍道の要諦悉く其れ當世修養の要諦にあらざるなし。近時西歐各種の競技日を追ふて行はれ、劍道も亦之に伴ひて競技として進み、世上專ら勝負の末に重きを措くに至れるの憾なきにあらざるも、尙良く劍道本來の精神を失ふに至らざるは吾人の最も悅ふ所なり。

或人予に問ひて曰はく、近者劍術は之れを中等學校に課して正科となすに至れりと雖、進んで之れを小學に及ぼすの可否如何と、予答へて曰はく、指導者其人を得れは可、其人を得ざれば害あるも益なしと、蓋し具さに心の强弱利鈍を考察し、序を逐ふて之を善導するにあらざれば、却て體を損し、氣を挫くの懼あるを以てなり。凡そ、劍道は終世學んで尙足れりと云ふ可からず。指導宜しきを要すること、豈獨り小學生のみならんや。中山先生「劍道手引草」を著はし、予に序を求めらる。予が劍を先生に學ぶこと玆に年あり、苟も劍道につき會得せるものは、悉く先生の賜にあらざるなし。今徒に蕪言を陳するは啻雪上に霜を加ふるの類なるべしと雖、世の劍道に志す者、好箇の師範を得たるは、予の最も喜ぶ所、則ち平生抱懷する所を記し以て序に代へんとす。

北海道帝國大學教授

門人　醫學博士　今　裕

劍道手引草はしがき

天地のはしめより擊劍《タチウチ》の術《ワザ》はありけむかし、莊子といふ書に、示すに虛を以てし、開くに利を以てし、後れて發し、先ちて至ると說けるを見れば、支那の戰國の頃には、其手段《テダテ》もをさ〳〵侮り難かりけるにや、

日本に於ては、三種の神寶の中にも天の叢雲の劍あれば、取り立て言はんも畏けれど、神代のことは尙ほ陽炎《カギロヒ》の取りとめがたしとも言はゞ言ふべし、

人の世となりて、神武天皇長髓彥と戰ひあぐみ給ひけるとき、熊野の高倉下《タカクラジ》といへる人馳せ加はり、在昔《ムカシ》武甕槌の神に隨ひて天降《アモ》りたる劍客《タチツカヒ》の子孫《ハツコ》らを召使はれんことを勸め申しければ、皇軍《ミイクサ》これより勢を得て、兇賊《ツチノモトミ》頓に滅びたりきと傳へられしは、

其頃專《モハ》ら行はれたる弓矢の戰の、遠攻に利はあり乍ら、賊《アダ》の集《ネ》窟《ジロ》をうち屠《ハフ》りて戰捷《マサカチ》の效果《シルシ》を確實《サダカ》になさん便《タヨリ》なかりし事を思ひ合せて、さもこそと首肯《ツナツ》かるゝことになむ、

しかりしより以來《コノカタ》、日本の武士はしも、玉簾のだれかれといふけぢめなしに、夫《カ》の大伴家持のいへる、梓弓手《アツサユミテ》に取《ト》り持ちて、劒太刀《ツルギタチ》腰に取佩《トリハ》き、朝守《アサマモ》り夕《ユウ》な護《マモ》りに、我が萬世一系《アマヒツギ》の宗室《オホキミ》を守《マ》護《モ》らひ奉《マツ》ることを以て其志とせざるはなし、

去れば擊劍《タチウチ》の術《ワザ》は、他《アダ》し國にしても、縱《ヨ》し姿繪《スガタエ》の似通へることは有りとも、我が蜻蜓洲《アキツス》の大八洲《オホヤシマ》の國にこそ、特に優《スグ》れて發達を遂げたりけれ、しかも技《ワザ》より道《ミチ》に進み、下學して上達し、已れを修め人に及ぼし、國のため世のために赫々の功を建てたる俊髦《スグレビト》も、指僂《カゾ》むるに遑あらず、中古《ナカムカシ》の源義經、戰國の上杉輝虎など、今も人の耳朶を驚かすのみかは、應仁以後、刈菰の亂

れに亂れたる世の中につれて、其手のさばき、心の用ひ方も、益々精に入り微に渉り、妙手宗匠相つぎて輩出し、各々其《ソ》が得たる所を以《モ》て師資相傳へ、飯篠家直、上泉秀綱、塚原卜傳、宮本政名、伊東友景などの名は、兒童走卒も知らざるものなく、斯《カ》くて德川幕府の初め、柳生宗矩、小野忠常の諸氏《ウジタチ》、此術より身を起して全國士人の衿式となりしかば、六十州の津々浦々に至るまで士庶を問はず、苟くも膂《チ》力《カラ》縛鷄に堪ゆる程のものは、或《アル》は山の井の淺く、或《ア》はわたつみの深きはありとも、押し並《ナ》べて此術《ワザ》にたつさはらぬは稀なりき、

然はあれども、昇平年久しく、戰鼓耳に遠くなりもて行く間に、かゝることも漸く花様《イタヅラサマ》に流れ行くは、勢ひの免れざる所なれば、晩出して其弊を矯められたるは、福井嘉平《ヨシヒラ》の氏になむありける、傳ふる所によれば、福井氏は野州の人にして、通稱を

兵右衛門と呼ばれ、早く一圓といふ流義の蘊奥を極められしが、後に諸州を遍歴して信州に至り、飯綱權現の祠《ホコラ》に參籠して、豁然打發する所あり、終に神道無念流の一派を獨創せられたりきと云ふ、精誠の通ずる所、鬼神も亦た感應す、此理《コトハリ》强《アナガ》ちに誣ゆべからざるか、幾ばくもあらずして、其門流より、樛《ツガ》の木のいや次々《ツギ〱》に、戸ヶ崎熊太郎、岡田十松、木村寅次郎、齋藤彌九郎(篤信齋)等の、世に隱れなき名手を生じ、東北は陸奥の八戸越後の新發田より、中央備前備中を經て、西は九州の大村まで、全國各地、其流れを汲みて一世に雄視せるものさながら濱の眞砂《マサゴ》の如く、自家の湯藥、他山の砥石、絶えなんとする武道の命脈を維持しもて、明治維新の際に至りたること、其れ將た人力にはあらざりしとおもほゆ

維新の後に至りては、新政の方針、専《モハ》ら右文に傾き、人々一《ヒタ》

向《ス》らに泰西の智識に渴仰するの餘り、我が國粹の貴《タト》き所以など、打棄てゝ顧みるものなく、其間《アヒダ》時としては此術《ワザ》を賣るものなきに非りしも、何れも大方家のことにあらざりければ、青春有爲の徒は、之に心を用ふるを屑《イサギヨシ》とせず、唯古怪《アヤシゲ》なる亂雜の類として、市井の一興行物となり了りたりしが、既にして氣運は再び國民的覺醒を促がし來り、やゝ士君子の意を此に注ぐものあり、淸露二役を經るに及びて、實戰の敎ふる所、多くの識者は先きに見る所の淺猿《アザマ》しかりしことを悔い、一方日本武士道の高調せらるゝに至り、武士道と劍術との間に、不可離不可分の關係あることも、始めて識認せらるゝに至りたるは、實《ゲ》にさもあるべき事なりかし、

由來國民は、一の信條に依て立つものなり、英人若し品行を信ぜずんば英國民は有らざるべし、佛人若し自由を信ぜずんば

佛國民は有らざるべし、希臘教亡びて露國は覆へりぬ、儒教亡びて支那國民は混亂に陷りぬ、勿論如何なる場合と雖も、山河大地は依然として長《トコシ》へに存在すべけれども、國民の魂にして藻《モ》拔《ヌ》けたりとせば、此の空《ウツ》蟬《セミ》の殼《カラ》を何かせんや、日本人にして、若し三千年の薫陶に成れる武士道を忘るゝの日あらば如何、思へば慄《リツ》然たらざるを得じ、

近時人心の傾向聊か浮新相喜ぶの風なきにあらず、勿論新を競ふは、人類向上の欲求たらんも、さりとて經驗を無視し、歴史を無視し、かの韓盧とかいふ狗の土塊《ツチクレ》を追ふが如く、徒らに空想と相馳騖するが如きことは、亦々大に戒むべき事たらずとせんや、

中山博道君、近日一書を著はし、題して劍道手引草といふ、君は此術に於ける今代の大權威なり、海内の劍士君の名を知ら

ざるはなし、其宗とせらるゝ所は福井氏の神道無念流にあれども、藍より出でゝ藍より青きは世に公評ある所なり、即ち此書の稗益する所、豈必ずしも初心者の手引のみと言はんや、但だ術の奥妙に至ては、人々の自得に存し、父も子に喩す能はず、子も亦た父に受くる能はず、數と冥し、神と符し、筆舌の能く顯はす所にあらざるを以て、假りに命ずるに此名を以てせられたるものならん耶、書成りて余にはしがきせんことを求めらる、

余は固より世間に信を取るに足るべきものにあらず、又父祖累世の劒客の家には生れたるも　維新革政の後に生長したるを以て、生れて一度も竹刀を手にしたる事なければ、全く門外漢たるに過ぎず、されど君の此著は、必ずしもたゞ術《ジツ》のみを限りて說かれたるに非ずして、其微意の存する所を以《オモ》ふに、かの國民として定志なく、由《ヨシ》なき橫さまの道に踏み入り、荊棘《イバラ》なす刈《カリ》

羽《バ》根《ネ》に足《ア》痛《ナヤ》み渡《ワタ》るものを、如何《イカ》で救ひ出さんと企てられたるものあるが如し、仍て平生見聞する所、並びに感ずる所を書き記して、責を塞ぐことゝなしぬ、其言の肯綮に中り難きは、深く慙ぢ且つ謝する所にこそ。

大正癸亥初春

小澤打魚

序

夫れ劍は三種の神寶の一に居り、その德たるや大なりといふべし。皇祖三尺を提げて中州を平げ給ひしより、尙武は實に本朝建國の大精神なり。抑〻干戈を止め、暴亂を禁ずるを武となす。現今世界の平和を維持し、正義人道を扶植する所以のもの一に武の力に非ずして何ぞや。謂ふ勿れ、劍は一人の敵、學ぶに足らずと。身體を鍛錬し、精神を陶冶するは、劍道より善きはなし。然れども高きに登るは必ず卑きよりす。劍法を學ぶもの、先づ型形より進み、然後擊刺の術に習熟するを要す。中山君新に劍道手引草を著はし、以て初進の徒に便にし、序を余に徵す。乃ち一言卷首に辯すと云ふ。

大正十二年三月

文學博士　節山　鹽谷溫

序

古今を通じ、文野を通じ、人類の間必ず一種の武器を具す。其の本旨や護身の必要に因す、故に敵にして降らば則ち之れを措く、已むを得ざるにあらずんば用ひて殺傷に及ぶことなし。是武器の正用也、而かれども之れを邪用すれば其の害や殘暴を極むるに至る。日本武士道の本旨は仁に基づき、義に由り人々互ひに相敬愛す、故に武器を寶重し、之れを曾て殺人器視せず、敢て之れを屠獸用器することなし。之れ日本武道の眞義なり。古今を通じ、文野を通じ、武器は鋭利なるものを擇ぶ、之れが使用は巧妙を尙ぶ。然かるが故に錬習の必要あり。其の突技の術は妙に入り、其の至道の理は神に合す、其の應用の効は事物と時態とに從つて應變臨機の活作用自ら窮まりなきものあり、之れ日本武術道の要諦なり。

古今を通じ、文野を通じ、武器の製作は多少の異同あるは蓋し勢の免れざる所なり。從つて之れが使用も亦た之れに適合せざる可らざる也。是れを以て之れを見れば武器の製作に依り、各民族の技能及び各時代の精神自ら之れに表徴するものあるを知るに足る。日本刀の鍛冶は實に精巧を極む。之れに加ふるに其の保存法の精確と、又た其の粧飾術の精彩とに至つては、世界各民族の上に冠絶するものあり、之れ日本武器の精華なり。古今を通じ、文野を通じ、武器の基本は概して三種となす。其の使法も亦た三技に歸す。乃ち刀、擊技は則ち刀を須ゆ、乃ち鎗、撞技は則ち鎗を須ゆ、乃ち射、射は則ち弓を須ゆ。今や鎗と弓とは已に癈器に歸す。而かれども刀は尚 之れを存して棄つ可からず。是れ治亂を通じて其の用缺きざるものあれば也。

其の故何ぞや、曰く刀は固と是れ護身の必要に基づくものなれば也。蓋し弓と鎗とは鳥獸を獵するの機械なり、又たこれを屠殺するの器具なり。之れを戰鬪に轉用して殺人の武器となす。銃砲は武器の最も進歩せるものにして殺人機械の最も鋭利なるもの也。其の始めや獵器として鳥獸を射るに用ゆ、銕條網は其の始め牧場の防備として猛獸の來襲を禦ぐに用ゆるものなり。之れを戰爭に急用して敵の迫襲を防ぐ陣塞の防禦器となすに至る。是れ皆武器の變用なり。或は變用の武器となす。獨り刀の必要は其の用明々白々にして攻防共に通じ、親しく之れを身に佩びて愛撫の間自ら無限の心情を托するものあり、其の本旨の基づく所正々堂々として仁義の道に由れば也。嗚呼日本刀、爾は吾が祖先の精神の凝結物吾れ爾に依つて光輝あり。古今を通じ、文野を通じ、天下の武器は刀に如くものなし。其の製作の精緻、其の形狀の簡潔、其使用の至便、其用法の廣多、天下何物か之れに比す可けんや。而して其使法は錬習するに易く、其の術道は究むるに從つて妙不盡の至理を含む、更に之れが應用は萬事萬機の活作に應酬して、能く直ちに其の事態精神を會得活捉するの要訣を具す。刀や原と是れ一塊の鐵、打して刀となす。長三尺に過ぎず、幅數寸を出でず、量一貫に餘る耳。之れを提げて起つの時、一身之れに托す、一心之れに注ぐ、頂天立地、宇宙何物か之れを礙へんや。嗚呼此の氣魄之れ吾が皇國人士が夙に祖先に繼承する所の傳統的血精神なり。故に日本刀は日本人に非らずんば以て其の用を盡す能はず。日本人は日本刀を用ひて光輝あり、然るが故に日本人士は日本刀の使法を習はざる可からず、習はずんば得ず、錬らずんば達せず、達せずんば通せず、通せずんば以て其の用を盡すを得ず。言ふことを休めよ、劍は一人の敵耳と。何者の迂濶漢ぞ。詮來畢竟是れ爾が成敗の岐かゝる所、千古の癡言、世人彼れに聽きて亦た草澤の詒むきに陥るなくんば幸也。

余友人と一日劍を說き此に言及す、偶ゝ中山先生來り過ぎらる。卽ち之れを以て先生に質す、先生曰く善しと、更らに敎を請ふ、先生曰く予斯の術を習ひ斯の道を修むる殆んど卅餘年、聊か自得する所あるを覺ふ。而かも彌究むれば彌々深し、仰で先進諸師の造詣に叩けば、尙ほ我が玄の白きに愧ぢずんばあらず。惟ふに終身之れが研鑽に從ふと雖も、妙不盡の至理は吾が生命の限を以て蘊奧を究め得べきあらざるを知る。然れども會心自得の地步に立ち、之れを以て後進の士に敎授する也はた研鑽自勵の一端たらずんば有らず。近頃劍道に關する先進古人諸師が習鍊の迹を尋ねて、之れを編纂するものあり。聊か以て武道の要義を講啓するを得て、併せて皇國士道の作興に裨益する所あらば幸也。今足下の説く所頗る予が旨に叶ふあり、採つて以て予が編書の序に加へんと欲すと。余瞿然として羞ぢ謝して曰く口頭禪耳と。先生笑つて曰く、若逢劔客須呈劍、不是詩人莫吟詩、足下劍を説き、余詩を吟す、一段の會心這裡にありと、即ち責を塞くに蕪陋の辭を以てす云爾。

大正十二年二月

末永節

自序

古來名人と稱せられ達人と呼ばれて居る方々は、皆その百錬千磨の功夫を積まれて、各一流一派を案出せられたのである
今日吾々御同然に、斯道の研鑚に從事する者は、皆その餘德に浴して、益奮勵努力し、深遠なる奥儀を體得せなければならぬのであるが、是實に容易の事に非ずして、眞に流祖の遺意に添ひ難いのは、深く遺憾とするところである。蓋し流祖の道を傳うるや、必ず後輩門人の或者に於てし、その玄妙の奥儀とするところは、嫡々流傳して居るのであるけれども、時の推移に隨ひて、自ら又消長があり盛衰がありて、漸次その眞精神と隔つること遠きの憾なき能はざるは、實に止み難きことゝは云へ、苟くも道に志す者の忽諸に附すべからざるところである。不肖

自ら揣らず、本書を刊して、世の志を同する人々の爲めに聊かたりとも裨益あらんことを期する所以のもの、一に斯道の發揚を期するの念切なるものがあるからである。乃ち本書說くところ、最も平易を主とし、容易にその理を解するを得るやうに、機會を得て思ひ出つるまゝを蒐錄したに他ならぬが、更に續いて第二輯三輯と刊行する希望を有して居るのである。斯う云ふやうな次第で敢て著書といふのは、嗚呼がましい譯であるけれども、兎にも角にも、所信の一端を披瀝して、道の手引にもならばと思ふのである。

大正十二年正月元旦

著者誌

劍道手引草第一輯目次

劍道の眞意義

劍道は正しき道なり……………………一
劍道には禮讓を體せり……………………七
劍道の盛衰……………………一一
行義を正しくすべし……………………一六
劍道を學ぶものの心得……………………二三
理と業(事)……………………二五
劍道は國民道德の基調なり

自己改造が第一着手……三一
武士道は實踐道德なり……三一
武道の三主眼……三五
錬磨の功……三九
動中の靜（靜中の動）……四二
不動心……四四
平常心是道……四六
劍道の基本
構への姿勢……四九
第一足の踏み方……五一

第二　上體の保ち方……五六
第三　竹刀の構へ方……六三
進退の運動……六九
左右の運動……七〇
斬撃……七一
刀……七四
竹刀……七六
上段の構……七九
下段の構……八一
基本練習の心得……九〇

動作の練習

一不動の姿勢及休憩……九四
二練習の始め修りの禮式……九四
三刀の拔き方及納め方……九五
四中段の構へ……九七
五基本の擊ち突き方……一〇一
連續業……一一三

劍道手引草（第一輯）

中山博道述

劍道の眞意義

劍道は正しき道なり

現今心身の鍛錬たる劍道を體育と云つて居るが、これは時世流行の言葉であつて、古は單に體育とは云はなかつたのである。故に果してこの體育と云ふ言葉が、劍道の意義に適當であるか否かと云ふ事は疑問であると思ふ。

世界列強の人種中、我が同胞の身長體量を他に比較して見ると、或は劣等たることを免れぬかも知れぬが、單に彼れは大なり、我れは小なりと云ふ、唯だ量に現はれ、眼裏に映つる外形をのみ計りて、以て其の優劣を決定するは、實に皮相の觀察と云はねばならぬのである。縱令外形上に於て劣等たりとも、無形の心卽ち精神に於て、彼れに優つて居るものあらば、人間全體の比較として決して劣等とは云ひ難いのである。故に形が如何に大なりとも、其の形を支配する精神上に於て優つて居つたならば、小必ずしも大に劣るものとは斷言できぬものである。換言すれば身體に關せず、精神の優者が眞の優者なのである。如何となれば、偉大なる身體に於ても、倭小なる身體に於ても、之れが二六時中の動靜を自由自在に使ふものは、卽ち其の精神であるが故に、心の偉大は無限大とも云ひ得るのである。無論健全なる精神は、健全なる身體に宿るとの言葉を否定する譯ではないが、二者何れが主たるべきかと云はば、心を主とせねばならぬものである。剣道の教の言葉にも、剣道は小を以て大を打ち、短を持して長に乗るの術なりと云ふのであるから、所謂精神上の優劣を示したるものである。爰に於て、剣道を單に體育とのみ稱する事が適當であるか否かと云ふ事も、自ら釋明せらるべきことである。

而してこの無形の精神と、有形の身體とを、共に鍛錬するに、最も適當なる方法は、我が邦固有の剣道に若くものはないと思ふのである。剣道は卽神道であるのである。如何にして神道と云ふかといふに、畏くも我皇室三種の神器の、其の一は劍であつて、其の劍の道たる、卽ち神の心を體して以て其の法を學ぶと云ふ事になるのである。故に正心正意敬神の念を以て、法に依り則に從ひて學び、達成する處の大道なのである。故に劍道の形には。毫も虛僞を許さぬのである。例へば小手を切るに、面を打つが如き掛引は許さないのである。是卽ち神の道、正しき道なる確証である。故に邪を入るゝ事は、絶對に許さぬものである。而して形は宛も書道に於ける、筆法の點畫の如きものであつて。正道に入るの門戸であるから、必ず其の法定の形に適合する樣に努力せねばならぬのである。若し夫れ之れを誤らんか、忽ち魔道に入り邪道に陷りて、決して眞個の劍道に達する事は出來得ないものである。されば劍道の眼目は、主として無形の精神の鍛錬をなして、有形に其の實を現じ、有形無形不遍不黨にして、其の眞を體得せなければならぬのである。古人が精はくはし是れ實なり、神是れ空大虛の如くなりと云はれたのは誠に意義深遠にして、宇宙の幽玄と融會すべき、心の妙機を道破したる至言であると信ずるのである。

劍道には禮讓を體せり

若しも劍道を以て、單に人を打ち突き、或は殺戮するの方法であると云ひ、或は又この文化的現代に不必要である如く思ふものがあるならば、それは大に誤れる見解であつて、誠に淺薄なる觀察と云はねばならぬのである。何となれば、これらの論者は唯形のみを見て、其の眞を解する事が出來得ないからである。前にも既に述べたる如く、劍道は正道である。此の正しき道は、人生欠くべからざる、人間の行くべく踏むべき大道であつて、時の古今洋の東西を論ぜず、正義正道は不變の眞理である。其の眞理を體得するのが、即ち劍道の本義なのである。故に劍道は、其の常に使用する處の、道具を一見して、其の道の眞義が解せられるのである。即ち其の打つべき處、突くべき處は、面咽喉甲手胴であるが、一度武裝して相對するや、自己自身に少しにても間隙あらば、遠慮なく打ち突きせらるゝは、相手の意に任せ、而して相手に間隙あらば、我も又撃突をすべく、相互間不言の誓約成立するものであるから、其の間自ら義を存し勇を生ずるものである。故にこの突撃の場合、縦令如何様に相手より打たれ突かれたりとも、是れ實に自己の心の空隙、體の隙き及び業の不足から來る處の結果であるから、決して對手を恨み憎むが如き心を生じてはならぬのである。然るに往々にして敗を取りたる場合、邪念を生じて直ちに復仇的行爲をなすもののあるを見受けるが、是れは全く邪道に入りし爲めであつて、畢竟自省の徳が欠けて居るからである。

この自省の徳は、最も大切なる事であつて、殊に其の打つべからざる處を打つた場合の如きは誠心誠意之れを謝し、而して自己の太刀に亂があつて、未だ其の堂に入らざる事を自ら深く心に記して、層一層修行せん事を心掛けねばならぬものである。故にこの謝すると云ふ事は實に美はしき德行にして、消極的の如く見ふるも却て積極的行動なのである。故に禮讓は劍道上必須條件たるものである。

劍道の盛衰

現今使用しつゝある劍道具は、先輩諸先生の工夫を重ねたる結果、かくの如く發達したるものであつて、其の形の稍々出來上りし時は、明和四年で卽ち後櫻町天皇の御宇、今より約百五十餘年前に當つて居るのである。其の時代の直眞影流の師範、長沼四郎大夫に至つて、初めて完備したるものであると、舊記に存するを以て視れば、其の以前には道具と云つても極めて簡單なものであつて、稽古するにも、殆んど眞劍勝負の如きものであつたから、其の他流試合の場合など、思ひ半ばに過ぐるものがあつたらうと思はるゝ。斯くの如く充分に氣を錬り心を鍛ひ修業したのであつて、其の上尚ほ實際戰場に出でゝ働かねばならぬ場合があつたのであるから、心身鍛錬は餘程上達して居つたのである。

然しながら、一面には堂上方の稽古と云ふものがあつて、それは多く何流何派と稱して形稽古のみ爲し、或は氣勢のみをこととし、又は末技にのみ趨りたる故、自然稽古をするにも心身の全力を傾注せざるかたむきがあつた。

然るに、現今の稽古が、往々この堂上稽古に傾くが如き感あるは、誠に寒心の至りに堪へざるところである。現時世態一般に柔弱に流れ、尚武の氣風頓に薄らぎ、爲めに稽古に於ても、其の影響を受け、形術に於ては、或は往昔に優るものあるかも知れぬが、其の心術たる處の心氣の鍛錬は、誠に薄弱の傾向があるのである。是れ畢竟往昔は心氣を主として鍛錬したるものを、現今は形技のみに拘泥して、心氣の鍛錬を閑却したる結果ではあるまいかと思はるゝのである。

世態人情日に日に輕薄に流れ、然諾を重ずるの美風は、次第に地を拂ひ、虛僞や僞善の悪風が人心を支配し、或は磊落と粗暴とを取り違へ、甚だしきは勇氣と亂暴とを轉倒して得々然たるものあるが如き、或は亦男子にあるまじき、二枚舌を使つて、恬として恥無き徒の多きは、識者の夙に認めて指彈する處にして、誠に慨嘆に堪へぬ次第である。故に現今の劍道修業も、かゝる時流の影響を蒙りて、技の末、形の上にのみ趨り、所謂形技の末に流るゝの傾向があるから、現今劍道を修業するものは、其の眼目たるべき、心氣の鍛錬と云ふ事を忘れず、心と形と相一致する樣、卽ち心身一致の鍛錬を、古人に劣らず勵みて、古昔に劣らぬ斯道の隆盛を期せねばならぬのである。劍道は卽ち正道であるが故に、公明正大公平無私なる信條の上に立つべきものである。而して世態の柔弱なる風を、之れによりて挽回せなければならぬ。然らば斯道の隆盛は、卽ち世態人情の強固を來す所以であるから、劍道の尊き所以も亦一にこゝに存するのであることが、自ら明かなるところである。

行義を正しくすべし

劍道に於ては、只に稽古及び試合を爲す時のみに限らず、苟も斯道に志すものは、平素の行義を正しくせねばならぬのである。長上或は神前に於て、不作法を演ずる如き者はないが、他の場合には、往々不作法が演ぜられ勝ちのものである。劍道に於ては、一切不作法不行義は許さぬものである。

故に何時にても長上及び神前にある時の如く、心を引きしめて、對手を撃つにも突にも、或は又突かるゝも撃たるゝも、其の間正しき行義を存せねばならぬのである。只に演武場内のみならず、其の場の出入は勿論、道場外の二六時中の動作に於ても、常に油斷なく、行義を正しくせねば、心の緊張を缺ぎ、油斷を生ずる事となるのである。古人も平常心是道なりと敎へた通り、平生も亦道場にある時と同じ心であらねばならぬのである。古聖賢が心を正しうせんと欲せば、先つ其の身を正しうせよ、其の身を正しうせんと欲せば、其の心を正しうせよと說かれてあるのは正道に入るの第一關門の主要眼目である、卽ち其の源清からざれば末清きはあらざる如く、本末一致でなければならぬのである。而して人身に於ては、心は形の源であつて、形は心の表象である。故に心正しからざれば、其の行義正しかるべき筈がないのであつて、其の形のみ正しく見ゆるも、其の心正しからざるが如きは僞善であつて、甚だ卑下すべき行爲なのである。而して亦行義正しからざれば、正しき心が宿るべき筈がないのであるから、本末一致卽ち心身一致して正しからざれば、眞の正しきものではないのである。而して心身の正しきを得んと欲するならば。必ず平常の行往坐臥、念々不斷の修業を積まねばならぬのである。故に劍道に於ては、場の内外を問はず、其の行義を正しうせねばならぬのであつて、其の場内の行義を正しくするの要は、場外二六時中の行義を正しくする爲めの修業なのである。故に君子は其の獨りを愼むとあるが、其の心を能く體得せねばならぬのである。

殊に日本の劍は、前にも云ひし如く、畏くも三種の神器の一を表徵したものであつて、劍卽神であるので、誠に尊貴のものであつて、劍の擬形たる竹刀も、亦同意義であるから、決して疎略にすべきものでない事が分るのである。劍は斯く尊貴なる意義を有したるものであればこそ、其れに依て身體髮膚毫も損傷する事なく、彌々健全の發達を來すべく修養し得らるゝである。實にや劍道は日本特有のものであつて、日本魂の特色は實に此の劍道に依つて以て發揮せらるべき、最も大切なる修業方法と謂つべきものである。

劍道を學ぶものゝ心得

何事を學ぶにも、先つ一意專心と云ふことが必須條件であるが、劍道を學ぶ上に於ても、亦然りである。この一意專心を缺いで、只徒らに劍道を習つて見やう、遣つて見樣位の心掛けでは、劍道の意義深遠なる心の妙用を得らるべきものではない。今世人には、或は此の種の類が多い樣である。例へば此處に人を訪問したるに、其の門にまで至つて未だ其の主人の在否をも問はずして、すご〳〵

歸つて了ふ人や、或は又主人に面會したに拘らず、要領を得ずして歸ると云ふ有樣であつて、縱令劍道の稽古を初めても、僅々二ヶ月か五ヶ月位で止めて了ふのは、恰も人を訪問して、その主人が意見を述べたいと思つて居るのを、自ら袖を拂て要領を得ずに歸るものと同じことであつて、實に本意なき極である。殊に今一息のところであると思つて居るのに、中止する樣な實に惜むべき人もあるのである。畢竟是等の人は一意專心有終の美を濟すべき確固たる力量の無い、薄志弱行の人にして、可惜寶の山に入りながら、手を空うして歸ると云ふ、俗諺と一般で、甚だ意氣地のないことである。天は自ら助くる者を助くるのであつて、自ら發奮努力せねば到低何事も成就すべきものではないのである。故に學んで學んで止まざるの決心を以て、一意專念勇往邁進せなければならぬのである。即ち龍に化せんと欲せば、須く龍に化して昇天自在の力を得るまでに行かぬと駄目である。よしや龍と化しても泥中に居るやうでは、その末だ形のみであつて、眞實の活氣充實せる眞龍ではないのである。剣道は人の人たる道を知らしむる處の天地の要道である。故に必ずや其の道を得るまで精勵努力せねばならぬのである。

理と業(事)

剣道に於ては、體形如何によく出來調ふても、心氣の鍛練が未熟ならんには、未だ眞の體とは云ひ得ないのである。殊に斯道に於ては形と心とは相一致して離るべからざるものであつて、共に輕重なく圓滿なる發達を期せねばならぬのである。

併しながら是れ言ひ易くして行ひ難きものであつて、諸人の難事とする處である。是れが即ち修業の道程であるが故に、薄志の者は中途に事を廢して、結局龍頭蛇尾に終るのである。是畢竟蟻の甘きに附き、水の低きに趨るが如きものにして、所謂易きに附き小成に安ずると云ふ人間の弱點である。然らば君子遠大の志を立つると云ふ意を體して、男子たるべきものは、宜しく大に覺醒發奮すべき處である。

畏くも一天萬上の聖上陛下に於かせられても、九十度以上の炎暑恰も釜中にあるが如き時にすら、日々萬機を統覽あらせ給ふ、深き大御心を拜察し奉れば、吾々臣子の分として一刻だも安閑として居らるべきものではない。故に一度之れを思はゞ、自ら發奮努力して斃れて、而して後倘止ざるの決心を以て、事に當るのが當然の事である。

劍道は、心と身と共に錬り鍛へて、事理の一致を眼目とするのであるから、「廣く智識を宇内に求めよ」との五ケ條御誓文中の御聖旨を奉體服膺して、以て理を極め業を明めなくつてはならぬのである。

而して理と事(業)とは、恰も車の兩輪鳥の兩翼の如く、或は人體に前後あり、一日に晝夜ある如く分つべからざるものなれば、是非共理業一致の域に達する事を期せねばならぬのである。然れども人事は先つ有形より無形に入り、理自ら生ずるの順路を經べきものなるが故、克己一番大勇猛心を奮起して、大に業術を練習し、以て心身を鍛錬せなくてはならぬのである。併し乍ら餘りに業術に拘泥する時は、技葉に流れて源を失ひ、手段の爲めに目的を誤るが如きに至り、終に眞個の道に入る事が難いのであるから、能く注意せざるべからざる事である、この心を以て初心者は、先づ業を専ら練習して術を極め、漸を追ふて理に渡る様の心掛けが肝要である。然らずして理のみ求むる時は、遂に無形上(精神)に偏して理のみ明かにして、業之れに伴はざるに至る。是亦眞個の道に遠ざかる事大なるものであるから、この點にもよく注意せねばならぬところである。

斯くの如くにして、心身の鍛錬を積みたる曉には、仁義禮智信の、人間五常の道自ら具備して、眞個日本男子として、世界に益々光輝を放ち得ることと疑ひを入るゝ餘地がないのである。殊に生存競爭激甚なる處世の要道は、托して斯道にあるが故に、行くとして可ならざるなく、爲すとして成らざるなき大丈夫たり得るのである。畢竟頭のみ發達せる浮薄なる人間を作るにあらずして、充分腹を作り頭も腹も兩々相俟つて、健全なる最も着實にして最も眞面目なる人格を養成せんと欲するのである。故に劍道は正しき道を行ふものであると云ふ事を能々領會して貰ひたいのである。

劍道は國民道徳の基調なり

自己改造が第一着手

劍道に志す者の先決の第一着手は、何んであるかと云ふに、先づ以て自己の改造である。卽ち質實剛健の美風を涵養して、眞に日本民族獨特の氣風を振興するのが、最も緊要なるものたりと信ずるのである。而して之れが涵養は如何にすべきかと云ふに、第一に心を修養し、次に健全なる身體を作り、心身共に相俟つて、靈肉一致せる我が民族特有の力を發揮せねばならぬのである。故に其の修養方法に就て、此處に我が國古有の武道を推奬する次第である。

武士道は實踐道德なり

この武道たるや、卽ち武士道とも云ふべきものにして、古來我國武士の中に專ら行はれた處の實踐道德の事を云ふものであつて、つまり當時の中流以上の智識階級の間に、多く行はれたる德義心の發達と云ふてもよろしきものである。然るに現代に於ては武門武士なとの名稱なく、よし兵役の義務はあるにしても、往古と大分その趣を異にして居るが故に、現今殊更武士道などゝ云ふべきものではないのであるが。其の精神に至つては武道に存して居るのであつて、換言すれば武技の中には、嚴然として武士道が保有せられて居るのである。故に武士道卽ち武道は．日本民族特有の道德と云ふてしかるべきものである。

由來武道は我が國民性と相俟ち、互に其の因となり果となりつゝ精錬せられたる處の道德、卽ち人道であるから、この道は眞に一の宗教ともいふべき程の、發達したる思想を含有して居るものであつて、又他の宗教や道德と著しく異なる點がある。卽ち如何なる宗教道德にも、その發源には宗祖及び道祖と云ふべき人があるけれども、この武士道にはその宗祖及び道祖はないのである。尤も武術各流の流祖はあるが、それは少しく別問題で、各部分的のものであつて、この道の廣大なる武道には道祖はないのである。こゝが卽ち他の宗教や道教と大に異なる點であつて、從つて我が一般國民性の、自然の發達と云ふて然るべきものである。上古中古皆な上御一人より下萬民に至るまで、この武道を以て建國の基礎として來たものである。故に强ひて其の道祖を上ぐれば、上古の國民一般を稱するもので、決して一人の道祖があるわけではないのである。之れ卽ち我國特有の道なのである。

武道の三主眼

而してこの武道の主眼とする處は、仁義勇、この三つの意義に外ならぬものである。仁は卽ち情性より、義は卽ち智性より　勇は卽ち意性より發するものであつて、卽ち己れを捨てゝ一身の犧牲を拂ひ、仁義を貫徹すると云ふ主義である。故にその特長は決斷實行にあるので、この點が當世に於て最も必要、且つ大切な處であるから、是非我等國民一般の學ばなければならぬところである。而して武道は如何にして修養すべきかといふに、武術の鍊磨に依るべきものである。何故に武術の鍊磨によつて、この道の修養が成し得らるゝかと云ふに、この武術たるや、その有形上より實行に伴ふ、一種の精神的訓練法ともいふべき、一つの修養法なのである。故に武術武技と云ふも、二た道あつて、一つは無形卽精神上の技術に屬し、一つは有形卽肉體運動の技術に屬するものである。而して有形上より觀察すれば、私の專門である劍の稽古に用ふる。防具を着用する處から、其の作法が判然として居るのである。先づ互に道場に技を戰はす時に、其の防具を着けたる面小手胴、或は突き、この四ケ處に於て、若し寸隙ありし場合は、何れなりとも打ち、或は突くべく、又こちらからも彼方に隙きがあれば、打ち突きすると云ふのである。卽ちそこに互の規約と云ふ事が成立するわけである。こゝが義卽ち智性の働きであつて、互にその隙きを爭ふのである。而して打れた場合は「マイツタ」と相手の技を稱揚し、打ちし方は「いや甚だ輕少です」と答へて、謙讓するのである。又惡い處を打つた場合は「御無禮」と謝し、對者は「イエ」と答へるもので、こゝが仁卽ち情性より生ずる處の禮讓が存するのである。

而して其の爭技中、僅にても對者に隙きのある場合は、狐疑する事なく、全身の力を一擊に込めて、電光のひらめきの如く、敏速に打ち込むもので、こゝが卽ち勇にして意性の働きである。故にこの防具の外形上よりしても、已に武道の本義が何はれ得るものである。故に劍道は徒らに竹刀卽ち竹束を持つて、互に毆り合ふのみのものでは、無いといふことを知らねばならぬ。

鍊磨の功

剣道には、先づ第一に習ひ性と云ふ事を重じて修養せねばならぬ。是實に精神上にも肉體上にも至極必要なる事であつて。前述べたる如く、其の爭ひたるや、仁義勇に基き、日を重ね月を積みて練習して居る中に、各人固有の性情が、發育精錬せらるゝものである。卽ち德は習慣なりとの義に合するところである。

而して又肉體上に於ては、筋肉益々發育して、寒暑は勿論、病氣にも犯されぬ様になり。その結果又精神上に偉大なる功果を及ぼすべきものである。

又精神上の働きに於ては、其の稽古の際は、始めより其の終りまで專ら禮讓を重んじ、決して輕擧暴動する事なく、禮に始つて禮に終るべきものである。故に精神の緊張、これ以上はないのである。又最も大切なる事は、氣勢と云ふ事である。即ち氣を以て敵を制すとか、或は又戰はずして勝つとか、或は正を以て合ひ奇を以て勝つなど丶云ふのは、之れ皆な氣勢の働きである。之を要するに對手の心氣の間隙に、當方の充滿せる氣勢を以て働きかけるのである。故に心を以て心の空間に乘ずるものである。之れ所謂氣合と云ふもので、精神上の最妙なる技術の一つである。

動中の靜

そこでこの精神上の技術、即ち心術の事を、簡單に述ぶれば、この氣合即ち氣の働き、心の用は中々むづかしき事で、容易に言ひ表はし難いものであるが、例へば相手を打ち込む時には、必ず動かねばならぬもので、即ち敏速の運動を起して相手の隙を打つのである。其の時は一切肉體の運動に任せ、　精神は高嶺に澄める明月の如く靜肅を保たねばならぬもので、　もしもさうでなく、　精神までも肉體の運動と共に動く樣では、　忽ち相手に其の動いた隙きに乘ぜられ、　裏をかゝれて、　打ち込まるゝものである。　故に肉體の働きが急速なるほど。精神は靜肅に保持せねばならぬ。　之れが所謂動中の靜と云ふ狀態なのである。

其の反對に、　相對して未だ打ち出さず、　互に隙きを伺ふ際には、　肉體は靜肅を保持せねばならぬ。

其の反對に、　精神は寸隙なく活動して、　對者の氣の隙き、心の油斷等、多方面の偵察に敏なる働きを要するのである。もしこの際に、精神上の活動が肉體に移りて、精神と肉體と共に動く樣では、これ亦直ちに對者に乘ぜられて敗を取るもので、こゝが卽ち靜中の動と云ふべき狀態なのである。

不動心

斯く論ずれば、靈肉は離れ離れの働きの如く思はるゝが、決してさうではなく、靈肉一致にあらざれば、出來難き働きである。卽ち心、身、太刀の一致が出來なければ、この働きは出來ないものである。恰も彼の大洋の一波一波が、一上一下間斷なく動くが如く、其の大體に於ては統一を保ち、且つその海底の水は却て靜肅にして、波上の如き小動はないと同理である。即ち無事も心に閑隙なく、有事却て心中に閑ありとでも云はふか、一葉浮水で、水のまにまに動く樣なれども、却てそこに顚覆せざる一定不動の重心が保たれてゐるのである。これ等の意を稱して不動心と云ふので、即ちあらゆる畏怖を去り。疑惑を去り、悠々自若、其の志す處を決行して、よく安危の際、死生の變に處して、遺憾なく自分の本分を全うする働きをいふのである。

平常心是道

故にこの意を、平常の活動に應用して、如何なる難事に遭遇しても、困厄に當つても、之れが爲めに色を動かさず、平然として之れに處し、その信ずる處を遂行する處の勇氣を養成することは、總ての社會生活に、必要缺くべからざる道である。

而もこの大磐石の如き平常心を修得すれば、眞に受用盡くることなく、不斷の勇氣が、盡くることなく湧き出で、日常の葛藤裡に處して、縱橫自在に活動することを得るものである。不動心は禪の方では、觀心法の直指人心とか、或は敎外別傳などゝ云ひ、參禪に依つて之を修養するものであるが。武道に於ては、武技の稽古中に修得するものである。故に一回の稽古が、或は半ケ年の參禪に勝る事がないとも限らぬ程のもので。武技の中に武道あり、武道の中に武技ありと云ひ得べきものである。故に其の道の本旨を守り、心身一致の實行實踐に依つて、修養を積まば、學んで聖に至るの義も、敢て成し難きことではない。

劍道の基本

構への姿勢

劍道に於ける構への姿勢は、其の技術の基礎である。人の身體は、容易に心の儘に働き得べきものではない。しかも劍道に於ては、特に微妙の技術を修練せなければならぬのであるから、之れが爲めには、全身各部の均整に發達する樣鍛練しなければならぬものである。之れが出來て始めて自由自在に働く事が出來得るものである。故に劍道を學ばんとするには、先つ其の姿勢を作らなければならぬものであつて、此の姿勢を作ることは、最も大事なる事である。而して姿勢は自然を得なければならぬものであるから、若し此の自然を失つた姿勢であると、動作に偏頗を生じ、輕捷自在を缺くが故に、姿勢は必ず自然でなければならぬ。其の姿勢を作るには、第一足の蹈方、第二上體の保ち方、第三竹刀を持つての構へ方である。

第一　足の蹈み方

凡そ家を建つるには、先つ其の土臺を造つて、其の上に柱を建てゝ行くものである。劍道を學ぶ亦其の通りで、先つ足の蹈み方を正しく作り、然る後上體に及ぶのが順序である。

其の足の蹈み方は、如何にせばよろしきかと云ふに、例を體操の際に取れば、直立不動の時の足の蹈み方は、兩踵が接着して、而して兩爪先は外方に開き、其の爪先の尤も廣き處は、自分の胸の幅と同様の幅となるものである。（第一圖參照此の蹈み方とすれば、胸の幅だけの上體を支ふる事は出來るけれ共、人の身體は胸の幅よりも尙ほ廣き處、卽ち兩手の附着點たる肩は胸より廣きものであるから、此の蹈み方では、長時間上體を支ふる事は出來得ないのである。故に休めの姿勢を取らなければならぬ。休めの姿勢であれば、上體を長時間支ふる事が出來得るものである。此の休めの姿勢が、何故長時間支へ得るかと云ふに、休の姿勢の足の蹈み方は、其の幅が直立不動の姿勢の蹈み幅より

も廣いからである。其の廣さ即ち、其の足の力の入る部分が、自分の肩幅と同一になるからである。(第二圖參照)

併しながら、此の姿勢は、上體を長く支ふる事は出來るけれども、體が休んでおるが爲め、其の儘にては、身體を自由自在に、何時にても瞬間に働かす事が出來ないのである。故に此のまゝの姿勢で體を働かさうとすれば、更に姿勢を變へなければならぬのであるから、何時にても心の儘に、體を働かさうとするには、第三圖の如く、休めの足の蹈み方にあるものを、　更に其の兩腫を各直線上に外方に蹈み開かねばならぬのである。故に左右の足の方向は並行線上にある樣になるのである。而して其の各腫を開きしまゝにては、體が其の場に固着して、進退の運動が、自由にならぬものである。故に進退左右の運動を、　自由自在ならしむるには、兩腫を僅に上ぐる(前足腫三分上ぐれば後足腫五分上げ、前足腫五分上ぐれば、後足腫一寸上ぐ)心持にて、兩膝を少し緩めるのであつて、　卽ち駈け足の要領である。　而し膝を緩めると云ふもの丶無制限と云ふのではない。

而して上體の重心は何れの處に置くべきかと云ふに、右足にも左足にも置くべきものにあらずして兩方の足と足との中間、第四圖○點の處に置く心持であれば、如何に運動しても、(此の重心を脱しさへせねば)體は丈夫なものである。試みに此の姿勢にあるものを押しても、決して體の崩れる事はないのである。然るに見受けます處足の踏み方が、から

なつたり又から

なつたりして居る人があるが、前の踏み方では、

左から押しても、又右から押しても、容易に指一本で體を崩すことが出來る。又次の蹈み方であると、後足が進めないと云ふ欠點がある。故に前述の如く正しい蹈み方でなければならぬ。又重心が前足のみにかゝり、或は後足のみにかゝつて居る人があるが、此の如きは共に體の自由を損するばかりでなく、姿勢が崩れ易いものであるから。此の點に充分注意せねばならぬ。

第二　上體の保ち方

腰は足の蹈み開きに伴ひて、右腰は稍前に、左腰は稍後に引く心持にて、中心を失はずに、兩脚の上部に安定せしむるものである。卽ち左右の足の蹈み方は前後となるのであるから、やはり上體も之れに伴はなければならぬ。肩もやはり其の通りであるから、右肩が稍前に出て、左肩が稍後に引けなければならぬ。

然るに多くの人は、左腰及び左肩が引けて居らぬのであるが、足が前後の蹈み方、卽ち斜である以上、斯樣な上體は不自然である。

故に自然を得るには、足が斜め(卽ち右前左後)であれば、上體も又之れに伴つて斜でなければならぬものである。然るに上體をわざ〳〵不自然にするが如きは、避けなければならぬ。

尙ほ此の際特に注意すべきことは、兎角腹を引きて胸を出し、肩に力を入るゝ癖ある人を見受けることがあるが、此の樣な姿勢の構へでは、自由にしかも刀を以て物を切り得べきものではない。故に下肢上體共に右自然體の構へをなし、必ず下腹に力を入れて、其の他は胸へも肩へも力を入れず、胸の出るものは胸を引き、肩の凝るものは肩の力を抜く事に努めなければならなぬ。次に頭首は垂直に保たねばならぬ。故に左右何れにも傾かざる様、又仰いたり伏したすることなく、顎を少し引きしめる様に氣を付けて、斯様な悪習癖は必ず改めねばならぬ。

眼の付け方、眼を自分の打たんとする局部に注視する人が多いけれども、之れは大なる誤りで、眼は心の動くに随ひ動くものなれば、最も此の點に注意しなければならぬものである。例へば胴を切らんとして胴を注視する時は、心は胴を打つ方に奪はれて居る事を、敵に悟らるゝ怖れのあるものである。

斯様に若し一局部のみを注視する時は、他の方面は全部留守となるが故に、敵は巧みに、留守となつて居る方面より攻め來るものであるから、敵に自分の心を悟られず、且つ已れの城廓に、不遍的に心を配つて、眼は必ず遠山を望見する心持にて、一瞥敵の全體に注がねばならないものである。故に何處の點にも注意の欠くる事なく、又何處の點にも注視する事なき眼の練習をしなければならぬ。

而して敵の運動の起りに、特に注意を拂はなければ、其虚を打てるものではない。敵の運動の起りを知る要點は、卽ち敵の構へ中段、或は上段下段共に手許にあるが故に、此の手許には特に注意しなければならぬ。

併しながら其の爲めに、特に之れに眼を注げば、敵に覺らるゝ怖れがあるから、一局部のみを注視してはならぬ。

尙ほ敵の眼に對しては、特に注意を要するものである。前にも述べたる如く、人の心は眼に表はるゝものであるから、敵の虛實を知るには最もよく其の眼に注意する事が必要である。何れにしても一局部に眼を付け、或は心を配る爲めに、他の方面に油斷ある時は、不覺を取る基たるべく、もし不覺を取りし後に於て、その欠點を知ればとて、最早取り返しが付かぬものである。例へば城を守る爲めの兵士も、一の門のみに兵を置き、他の方面の門に兵を配ばらざれば、敵は其の守なき虚に乘じて、城中へ乘り込むが如きと一般であつて、構への心の配り方も、眼の覗方も、之れと異つた事はないのであるから、充分に此の點に注意せなくてはならぬ。

第三　竹刀の構へ方

先つ左手は、竹刀の柄頭の部分を握るに、母指と示指との眞中を、柄の脊に當てゝ、五指は平等の力を用ゆ、而してその劍尖を、敵の咽喉中央部に着く（劍尖の着け方は、劍尖より地平線と平行に引きし直線を、敵の咽喉部中央に當つ)又其の母指第一關節は自己の臍の眞前に位置せしめるのである。而して胴と拳との間隔は、約一握位の間隔を適度とす。故に臍の高さの平行線上(地平線と)にある様にするのである。

次に右手は、鐔元より約五分の巨離を置き柔かに握る。何故に鐔元より右手を五分隙すかと云ふに、鐔を打れた時、間隔がなければ、手に響を受け、眞劒なれば、鐔を切り割らるゝ事あり、且つ居合の時、拔刀するにしましても、手の自由を失ふことあるが故に、平生修業の時に、其習慣を作くるべきことが肝要である。此の時に於ても、やはり左手の樣に、五本の指は平等の力で握らなければならぬ。併しながら、その握り方は、左手と稍其の趣を異にせねばならぬ。卽ち小指の第一關節及び第二關節の內面を、竹刀に密着せしめて握り、拇指と示指との眞中が少しく隙く氣分に握るのであつて、此の點が左手に異なる要點なのである。故に一切の事物、協同して爲す時は樂であつて、而も其の動作たるや活潑に、且つ元氣が充實するものである。例へば五本の指にしても、その中一本や二本の指にのみ便よる事は、手に無理が生じ、従つて完全な働きが出來ぬものであるから、心の儘なる働きは出來得ぬのである。卽ち五本の指が揃つて、手中に無理なき時は、劍道修業に於て、手に豆が出來、或は負傷する如きことはないのである。斯くの如くにして刀を持ち、而して臂も腕も延び過ぎず、又引き過ぎざる如くせねばならないのである。間々臂が、非常に外方に張る人があり、或は前腕が直線に延びる人があるが、之等は何れも自然の構への姿勢ではないのである。或は又臂も腕も自分の身體に引き付て居る人があるが、此の樣にする時は、手が休みたるむものであるから、心の儘に働けるものではない。故に其の適度は前述したる位置にある竹刀を、自然に握りたる儘にて臂も腕も、體に密接せざる程度にすればよいのである。

若し此の度合を失したる時は、其の構へには必ず隙を生ずるか、或は其の構への範圍が狹きに失して、自分の構中に在るべき場所を、敵に占領せらる丶事となるのである。

卽ち腕を延ばし過ぎる人は、各所に隙を生じ、又竹刀を手元に引き過ぎる人は、卽ち自分の城廓を狹くして、敵の壓迫を受くる事多大となるのである。

而して自己の城廓とは、直立したる儘、竹刀の劍尖にて自分の周圍に圓形を畫く、其の圓形內が、自己の城廓であつて、卽ち自己を守るの堡壘なのである。故に此の點を、始終忘れぬ樣、心掛くるがことが肝要である。

進退の運動

前進する時は、前進せし姿勢にて、下腹に充分力を入れて、足は七分三分に蹈み進むのである。七分三分に蹈むとは、その蹈む力の分量の事であつて、卽ち前足が三分の蹈力なれば、後足は七分の蹈力にて、前へ押し進むのである。其時竹刀を持ちたる兩手は、やはり足に伴ひ、左手にて右手を押し出す心持を以て進むのである。後退の時の足は、この反對の動作でよいのである。

足の運動中、最も嫌ふ事は、飛び足、跳足、引き摺り足の三つである。

左右の運動

右横、左横、右横、左横と云ふ風に、練習して置く事は、大事な事である。而して左右に運動する時も進退運動の時の心持ですればよいのである。進退左右の運動を練習するには、十字の蹈み方（第五圖參照）を練習して置き、試合の際は敵の變化に應じて、適宜に動けばよいのである。

斬撃

斬撃の際は、構への時述べし姿勢にあるものを、其の儘眞向上段に振り構へて、斬り下ろすのであ
る。(此の時は左右の足も前進するのであるが、手を振り上げると同時に、右足前進、そして下ろす
と同時に、左足前進す)が、其の振りかぶりし時の拳の位置は、左拳は前額部の高さにて、右拳は充
分頭上高く上げ、その切り下ろした時の位置は、右拳は右肩の高さに、左拳は自分の乳の高さに、

劍尖は敵の顎下まで下ろせばよいのである。その時の手の中は、恰も手拭をしぼる時の如く、左右均一の力にて、しぼり込むものである。（寫眞第四圖參照）而して此の切り下ろせし時に於ては、兩腕とも同じ樣に延びなくつてはならぬものである。然るに此の切り下ろしたる時に、兎角左臂が外方に曲つて居つて、延びぬ人が多いのであるが、之れは主として柄が長過ぎる爲めであるから、此の缺點を補ふには、竹刀の柄をその人に適當する樣に仕立てなければならぬ。以上は面の斬擊であるが、胴の斬撃の場合は、左手の作用が、面の斬撃の時と趣きを異にす。卽ち振り上げたる時に、右拳を左に僅か撚り、同時に左拳を一と握りだけ上にしごいて、右拳に近づかしめて、斜に切り下ろすのである。

尙胴を斬りたる時、多くの人は進んで斬つた場合にても、退るけれども、それはよろしくない。進んで斬つた場合は、なほ左手にて敵の右肩を押す程の餘裕がなければならぬ。卽ち右肩を押せば、敵は容易に體を亂すものである。

刀

先づ刀の事より説かんに、刀の定寸は、三尺二寸である。それは刄渡り二尺四寸柄八寸總長三尺二寸を以て定寸としたのである。尤も柄の長さも、使用する人の大小によりて異つては居るが、大體に於て之れを定寸としてあるのである。

而して其の刄渡二尺四寸の内、之れを三分して、其の切先き八寸を殺と云ひ、敵に對しては殺人劍となり、自分に對しては活人刀となるのである。

中の八寸を制と云ひ、敵を制御すると云ふ意である。而して手元八寸を防と稱し、止むを得ざる場合、此處にて防禦するのである。柄八寸の內之を鍔と緣と合せて一寸とし、（握る時は緣だけ隙かす）握る部分を七寸としてある。何故に此處を七寸としたかと云ふに、人の拳は凡そ三寸弱であるから、兩拳握り合せて、約六寸弱となる故、其の兩拳の間に、約一寸四五分程の餘裕を取り、此の寸法にしたのである。（第六圖參照）

竹刀

竹刀の定寸は、三尺八寸である。其の理由如何と云ふに、竹刀にて練習するには、籠手を用ゆるものである。其の籠手の握り幅は昔は約四寸五分として、之れを握り合すれば、約八寸五分乃至九寸となる。故に刀の柄の如く、八寸とすれば、左右の籠手の間に、間隔の餘裕なく、又緣の寸を餘す事も出來ぬから、手の自由が利かぬ樣になる。そこで柄の長さを一尺一寸として、三寸だけ刀の柄より長くしたわけなのである。而してその全體の調和を計る爲め、切先きへも三寸延ばしたのであつて、都合刀より全長六寸延ばした三尺八寸が、卽ち竹刀の定寸となつたのである。曾て幕府講武所にて、竹刀制定の時、甲手幅四寸五分ありし爲、此の寸尺が出來たのである。故に形稽古の際は、三尺二寸（總丈）を以て修業せるものである。倂しながら、人に大小があるから、一律に柄の長さを定むるわけには行かぬ、故に各人の體に合致する樣に、仕立てなければならぬ。

然らば如何して合致する寸法を取るかと云ふに、柄の長さは鍔より柄頭まで、四握りあればよいのである。この四握りとするのは、身長の大小に順應するためである。又一つの方法としては、右手にて鍔元五分を隔て、(緣の寸法だけ避け)て握り、上方へ右前腕を屈曲し、其の柄頭が、右前腕内に入るだけの程度にすればよいのである。

尚ほ竹刀の全長を、適度なる寸法と爲すには、恰も弓を引く時の如く、右手を曲げ、而して左手を左横に延ばし、右手にて竹刀の鐔元五分を殘して握り、竹刀の劍尖を、左横一文字に延ばしたる左手に密着せしめ、その劍尖が左手高指の第三關節に達するを以て適度と爲すものである。

上段の構へ

上段の構へとは、劍尖の位置が中段の構へより上位に存在する場合の總稱である。今此處に述ぶる處の上段の構へは、中段の構への足踏及び上體の姿勢を變化せずして、刀を持ちたる兩手を頭上高く振りかぶりて構へたるものであつて、その時の兩手の肘は、伸び過ぎず、又屈し過ぎざる中間をよしとし、其の左拳は自分の前額の上方に位置し、右拳は頭上に位置すべく、隨つて劍と垂直線(卽ち柄頭の端より上方に引く線)との角度は、三十度位を適度とするのである。而して劍尖は右にも左にも傾かずに正しく構へ、それより打ち出すには、諸手にて相手の正面、左右、斜面、小手、及び左右胴の五ケ處に打ち込むものである。此の構へは神影流より出でしものであつて、此の外兵の字構へなど稱する構へもあれども、そは追つて第二輯

に説く事とする。（寫眞第三圖を參照すべし）
なほ普通の上段に構へるには、兩拳を頭上に擧ぐると同時に、左足を一歩踏み出して左足前、右足後となり、兩手も亦左拳前右拳後となりて構へ、その打ちは大抵左片手業にして、正面、左右面、左右小手等を打つものである。胴を打つ場合は、その上段より兩手にて左右胴を打つ。此の反對の構へを逆上段と云ふ。他は皆第二輯にゆつる。

下段の構へ

下段の構へは、その足踏及び上體の姿勢は、中段の構への自然體右斜の姿勢と同じく、只兩手及び劍尖を中段の構へより下方に下ぐるのみである。卽ち劍尖が自身及び相手の腰部より下位にある場合を、總て下段と稱するのであるが、此處に說く處の下段の構へ方は、兩拳は中段の時より稍下方に下げて、左拳は臍の中心に置き、劍尖は自身及び相手の膝の位置より二寸程下位に付け、劍は我が出足(右足を出す場合は右足を、左足を出す場合は左足を)を防禦すると共に、相手の出足を制する様に構へるのである。（寫眞第四圖を參照すべし）此の他右車の構へ、左車の構へ等數種の變化したる構へあれども、そは他日後輯に細說する事として此處には略す。

以上說明せし如く、上段とは自身及び相手の肩より上方に劍尖の存在する場合を云ひ、中段とは自身及び相手の肩より腰部の間に劍尖のある場合の總稱であつて、下段とは自他腰部より以下に劍尖の位置する場合の總稱と心得べく、而して機に應じ時に依りての變化は、尙多種ある事と知らねばならぬ。

尚ほ參考として述ぶれば、刀劍に强弱剛柔の四つの名稱がある。(第七圖參照)之は卽ち刀の用法から生じたる名稱であつて、敵が弱なれば、强を以て制し。敵が强なれば弱を以て制し。敵が柔なればを剛を以て制し。敵が剛なれば柔を以て制するといふやうに、恰も循環端なきが如く、互に循環して敵の變化に應ぜしむるものである。其四つの位は、全く心の作用に歸するものであつて、心身太刀の一致したるところの、所謂心眼の開けたる境界を云ふのである。

直立不動の足蹈方

第一圖

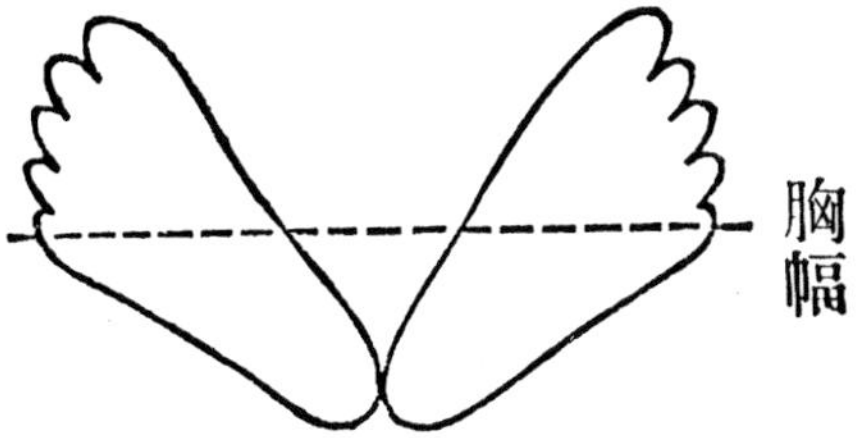

第二圖

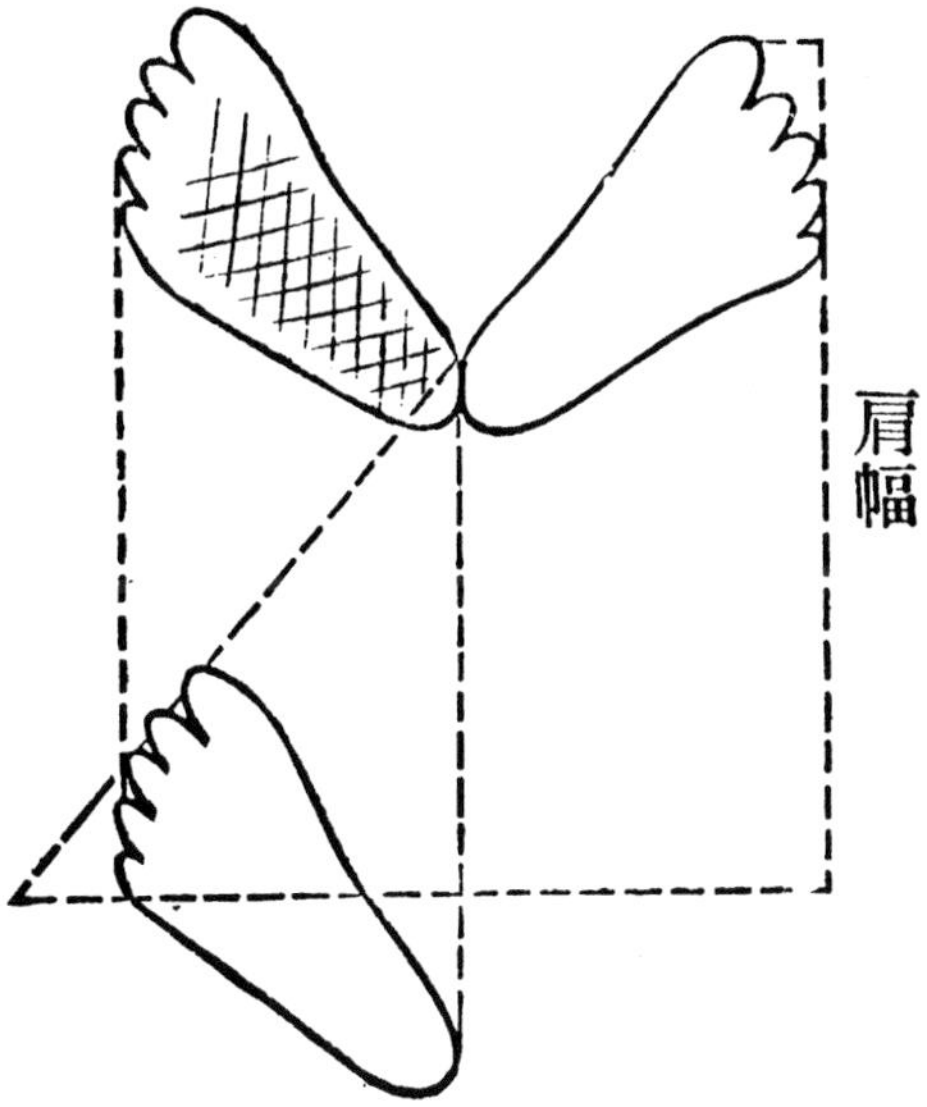

直立不動の姿勢より休めの姿勢に移る足の蹈方

休めの姿勢にある足の腫を直線上に外方に踏み開く

第三圖

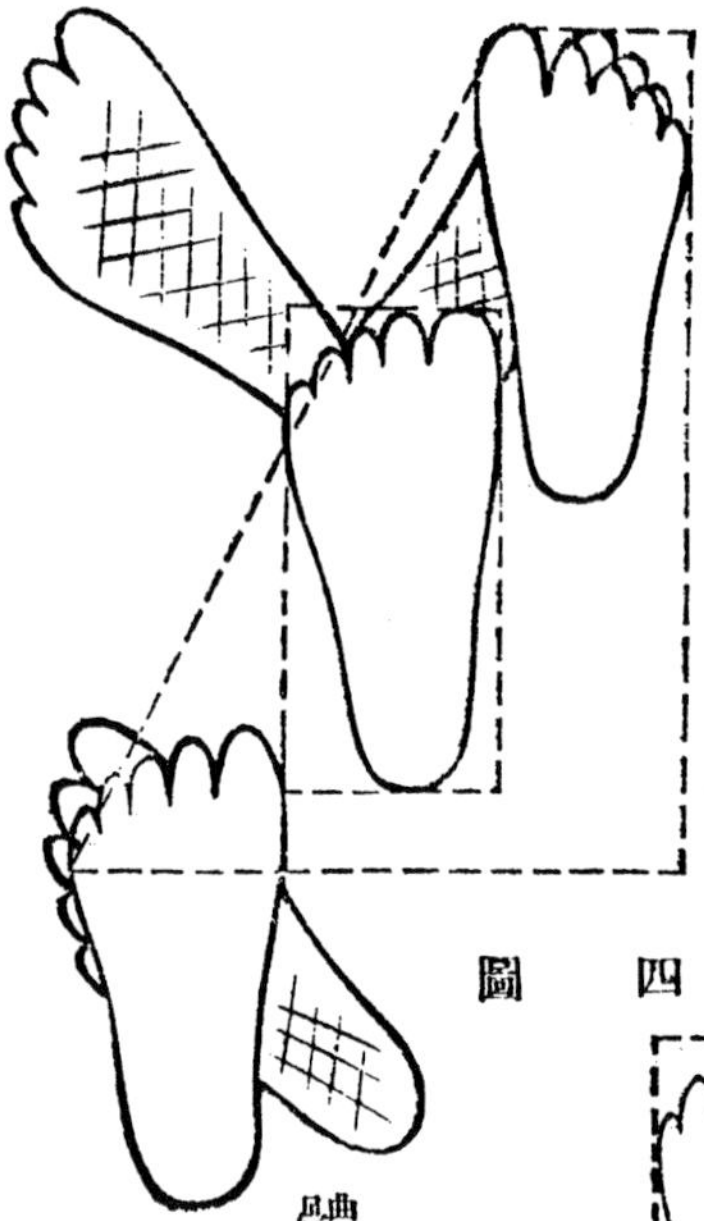

第四圖

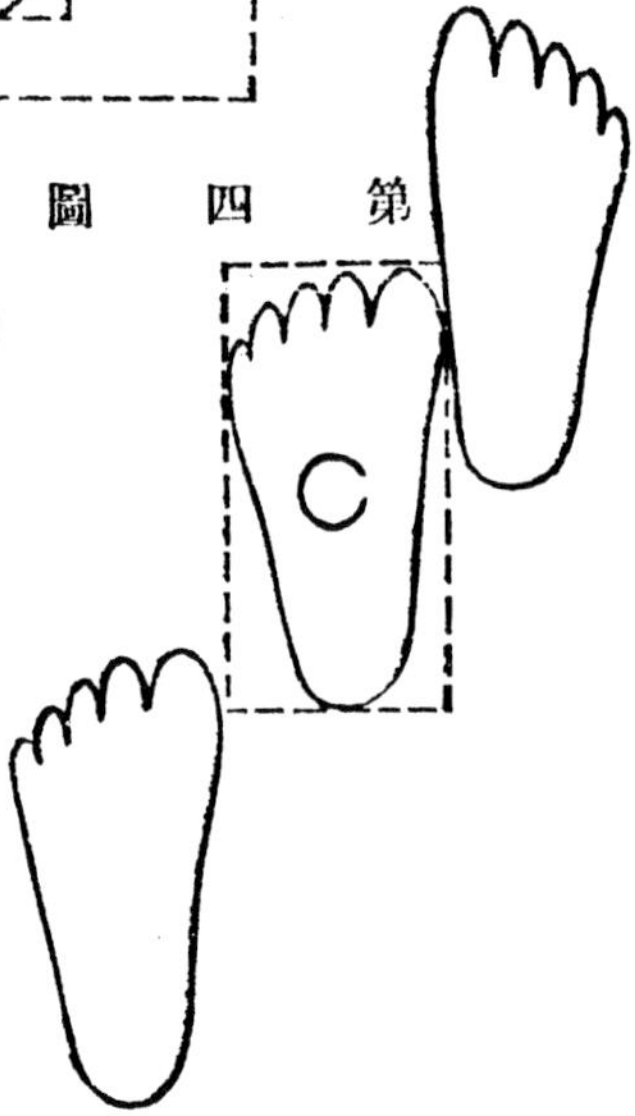

第五圖

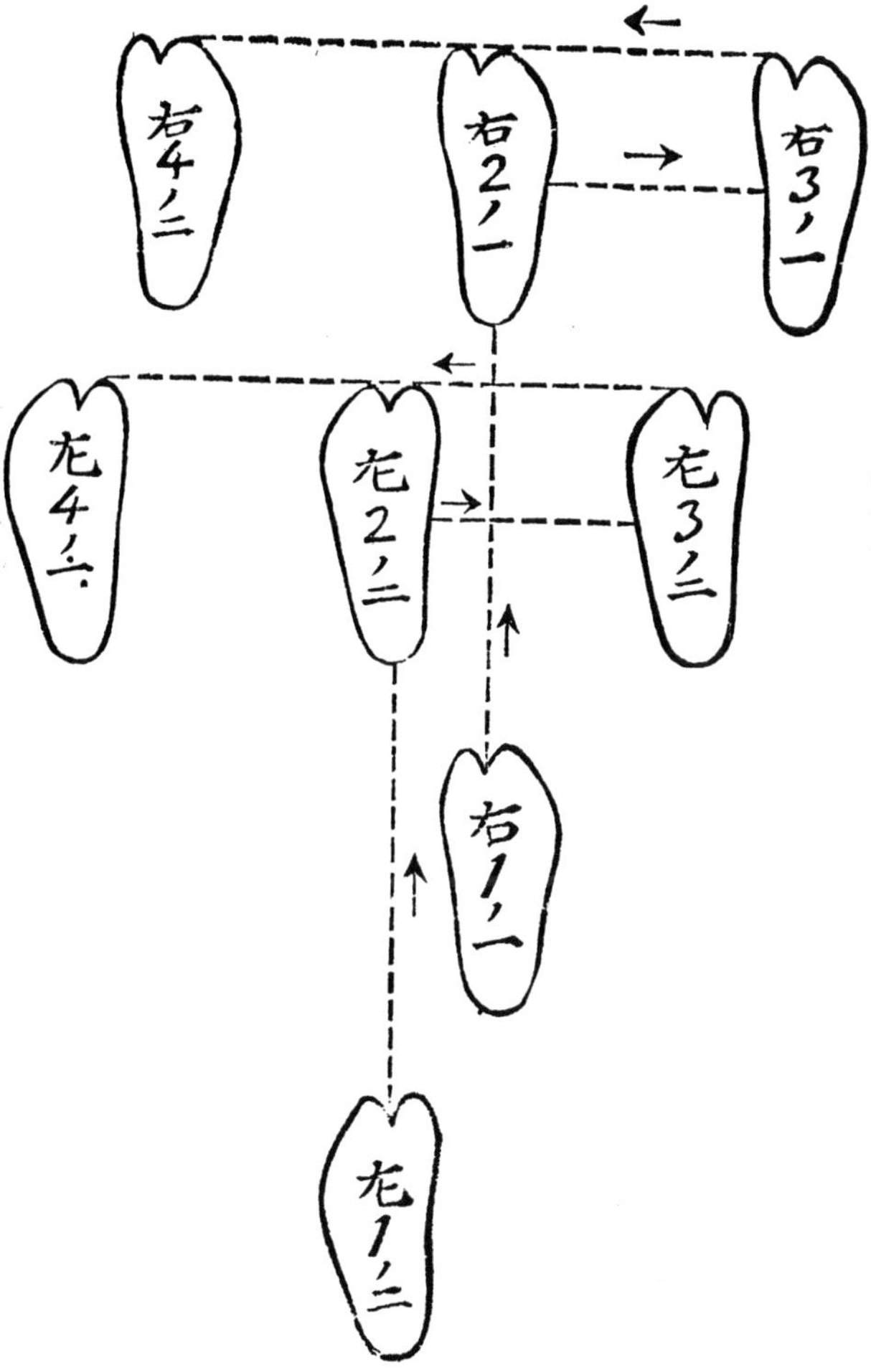

十字の踏方

第六圖

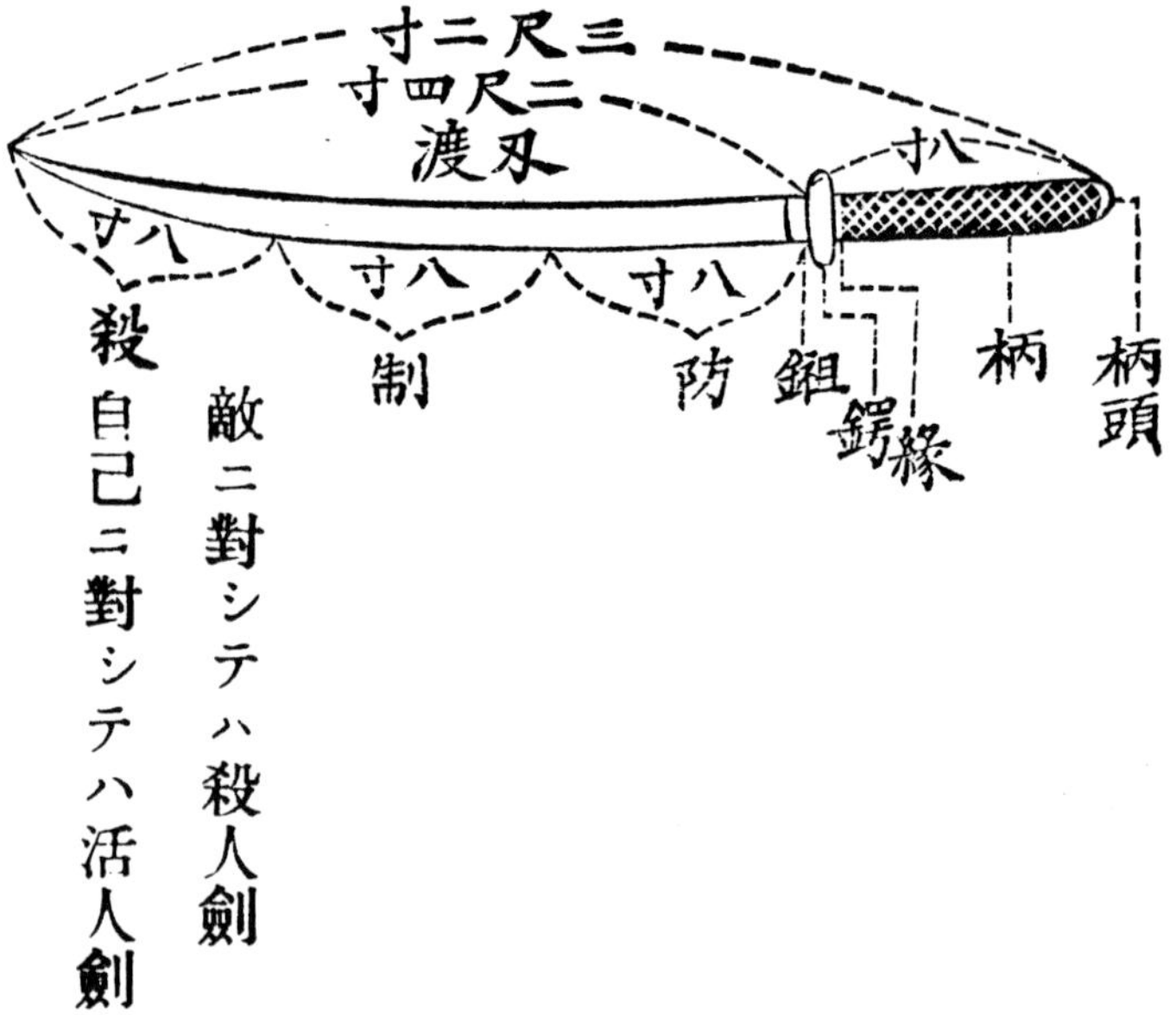

三尺二寸
二尺四寸
刃渡
八寸
八寸
八寸
八寸
殺
制
防
鎺
鍔
縁
柄
柄頭
自己ニ對シテハ活人劍
敵ニ對シテハ殺人劍

竹刀寸

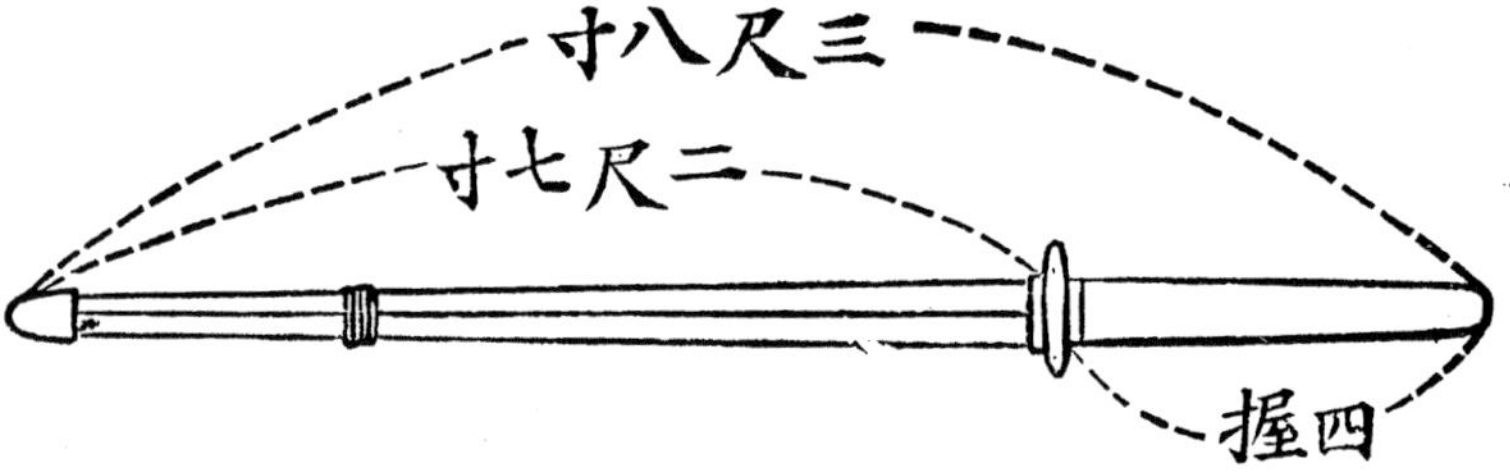

三尺八寸
二尺七寸
四握

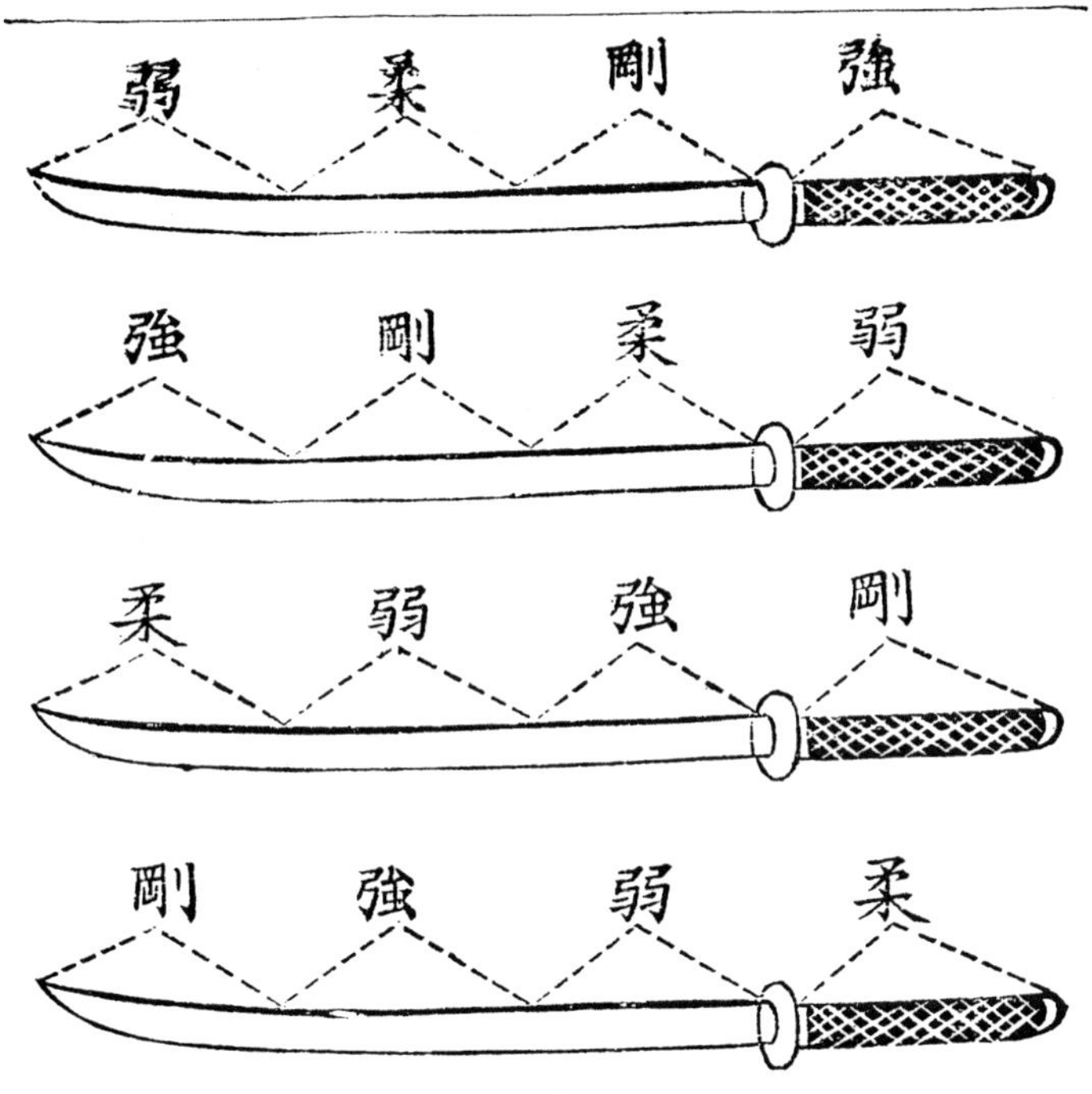

弱　柔　剛　強
強　剛　柔　弱
柔　弱　強　剛
剛　強　弱　柔

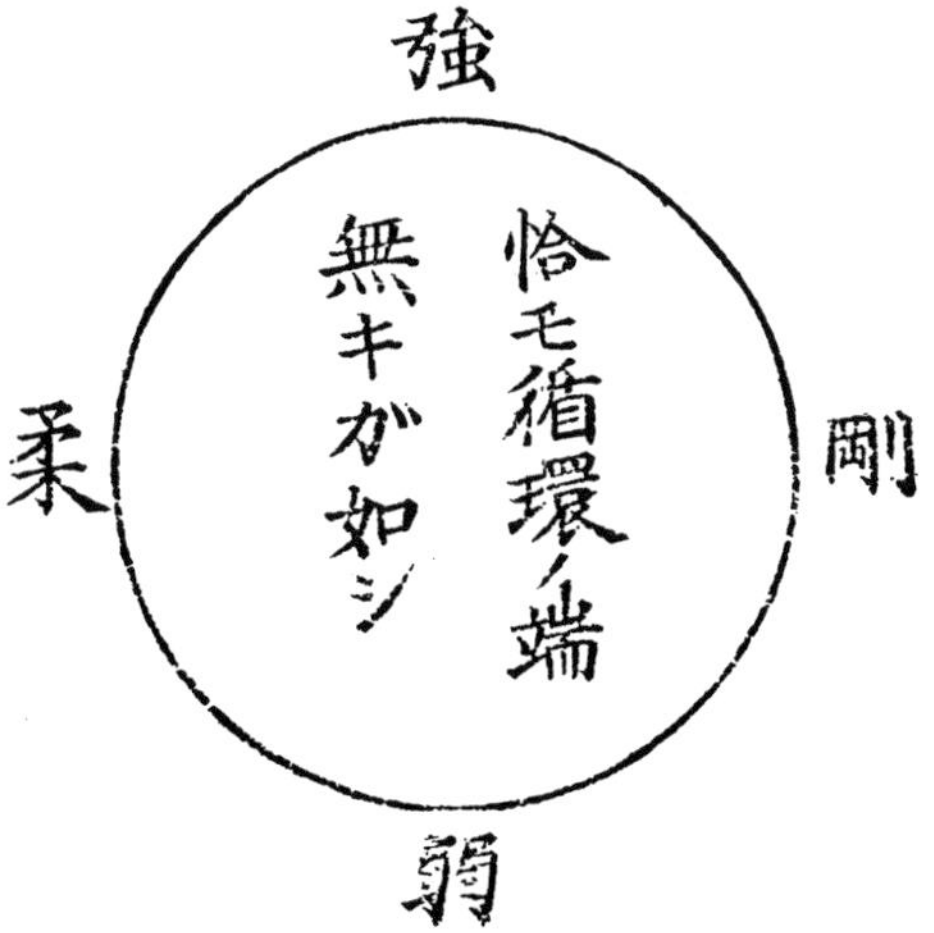

強
剛
弱
柔
恰モ循環ノ端
無キガ如シ

基本練習の心得

一、道場は神聖なる場所なり故にこれが出入には制服又は袴を着用し敬虔の念を抱持し、容姿を端正にすべし。

一、稽古は禮に始りて禮に終るべきものなり故に道場に於ては靜肅を旨とし濫りに高談笑語し、又は拍手聲援等の行爲あるべからず。

一、竹刀は武士の魂たる日本刀を形どり、稽古道具は甲冑を象れるものなり故に之が取扱ひは法に從ひ最も鄭重になすべし。日本刀は三種の神器の摸型にて上古中古と實地に應用して現今の日本刀の形となりしものなり。

一、稽古衣袴は端正に着用し稽古道具の着裝はその順序方法を愆らざるは勿論必ず端坐して之をなすべし。

一、飮食後直に練習をなし又は練習後直に入浴するは共に衞生上有害なるが故に練習は少くとも飮食後一時間の後に之を行ひ入浴は練習後十五分間に於て爲すべし。

一、酒氣を帶ぶる者は絶對に練習を爲すべからず

一、基本練習は、劍道に最も必要なる基本的動作卽ち確實なる姿勢態度竝に正確なる體の運用突擊等を練習自得せしむるものなり。故に之が練習は、初學者に必要なるは勿論、又準備運動緩和運動及び技癖の矯正にも、至大の効果あるものなれば、上級者と雖も常に之が練習を怠るべからず。

一、團體教授により基本の方法を一通り修得したる者は、二人相對して交互に教官受教者とな

りて、之が動作を實地的に行ふときは、空間に向つて突撃を行ふよりも興味を感じ、効果も亦大なり。而して基本動作は、稽古の前後凡そ五六分間宛行へば足る。

一、基本練習最初の指導不充分なるときは、姿勢動作等の不正なる儘に習慣となり、之を矯正することは極めて困難なり。故に初學者には單一の業を分解して反覆練習せしめ、之が動作に充分習熟したる後、連續の業を授け、確實正確に習得せしむることに勉むべし。

動作の練習

一、不動の姿勢及び休憩（歩兵操典に同じ）

「號令」　氣を着け　休め

左手は竹刀の鍔元を輕く握り刄を上に）拇指を鍔に僅かに掛けて左髖骨部に着けしむ（帶刀即ち日本刀を差したる心持）休めの場合は竹刀を持たる左手を垂れしむると同時に左足を出して靜かに休む。

二、練習の始め終りの禮式

立間合大凡九歩の距離にて相對し、神前に向つて禮を行ひたる後、相互の禮を行ふ。練習終りての禮は相互の禮を行ひたる後、神前に禮を行ひて退く。相互の禮は目禮卽ち上體を僅かに前方に傾け、敬意を表して後元に復す。この場合相互に眼を注ぐこと肝要なり。

三、刀の拔き方及び納め方

「號令」　構へ　止め

（備考）
構への號令にて刀を拔き中段に構ふ。
止めの號令にて刀を納め立つ。

「號令」　構へ

蹲踞しつゝ左拳を稍外方に向け(左手の爪上方に向く度合)右手の拇指と示指との間の柔かき所を刀の峯と思ふところに着け、鍔より五分位離して握り、直に敵の眞向より切り付ける心持を以て拔き放ち、左手にて柄頭を握り立ち上りて中段の構へとなる。

「號令」　止め

構への儘蹲踞し刀を納む。この場合日本刀を鞘に納むる心持にて納め、起立して不動の姿勢となる。

四 中段の構へ（正眼をも含む）

中段の構へは諸構への基礎的構へなり。故に正確なる中段の構へには寸分の隙なし。所謂三尺の竹刀に五尺の身體を隱すことはこれが謂なり。又攻防共に自由確實にして如何なる動作を起すにも、如何なる變化を起すにも、如何なる變化に應ずるにも、都合よき自然の體勢なり。故に常の構へと稱して平素の練習には主としてこの構へを以てす（流派により晴

眼の文字を異にせり卽ち左の如し精、青、星、
正勢、或は差目とも云ふ流派あり)
中段の構へ方
(イ)兩足の位置
廣過ぎず狹過ぎず進退に最も便利にして自由
なる體勢は自然の歩行のまゝ立ち止りたる足
幅なり而して身長に依り多少の差違あれども
大凡右足の蹠內側より左足の踵に至る間約八
寸を以て度合と爲す(寫眞第二圖を參照すべし)
(ロ)足尖の方向

足尖は敵方に向ひ略相平行す。

（ハ）足の踏み方

重く踏む時は、進退の動作自在を缺くが故に、足は成るべく輕く踏むこと肝要なり。其の要領は緩徐なる歩行の際、右足を踏み出し左足を將に踏み出さんとする時の如く、右足の踵を輕く浮し左足の踵を僅に上ぐ（右の踵は凡五分左の踵は約一寸）

（ニ）膝

膝は進退の際に於ける發條の用を爲すものな

れば、輕く屈げ彈撥力を貯へ置かざるべからず、(膝の力を少しぬく心持なり)過屈過伸は共に不可なり。

(ホ)上體

上體は眞直に腰の上に落付けて仰向かず俯向かず、左右に傾かず自然に胖かなるを要す。

(ヘ)眼

眼は敵の眼に注ぐ。

(ト)手の握り方

左手の小指を刀柄の端に半ば掛け藥指とども

に緊め、高指示指拇指を緊めず寛めず握る。右手は鍔元五分離して輕く上方より握る。總て手の内は恰も鷄卵を握る心持にて極めて輕くふはりと握ること肝要なり。

（チ）臂

臂は兩方とも張ることなく僅かに屈ぐ（臂の力を少しぬく心持なり）

（リ）左拳の位置

左拳は臍の中心を失はず、臍より一握り絞り下げ稍々離すを以て度合と爲す（下腹と左拳と

の間隔は約一握なり）

（ヌ）刀尖

刀尖は敵の咽喉部の高さに着くるを度合とす

五、基本の撃ち突き方

（イ）正面の撃ち方

始めは分解して三擧動にて之を行ふ。この場合號令は分解して正面の撃方をなすの豫告を與へ、一二三の號令にて之が動作を行ふ（以下之に同じ）（寫眞第四圖を參照すべし）

一にて

上段に振上ぐ。　此場合左拳は前額上約二寸の
高さにあり。
二にて
右足を一歩踏出し、　左足之に適ふと同時に滿
身の精氣を籠めて、　面の懸け聲と共に敵の眞
向面を擊つ。　此場合兩臂を伸し右拳は右肩と
左拳は乳の高さと水平となる。
三にて
左足より一歩退き、　右足之に適ふと同時に中
段の構へに復す（總て進む場合は左足を踏み切

る先師の曰く「左足にて進み左手にて擊て」の心得肝要なり）

正面の擊ち方（一擧動）

この動作を繰り返す場合は「擊て」「々々」の號令を以てす。一二の要領にて正面を擊ち、三の要領にて中段の構へに復す。

（ロ）右斜面の擊ち方（三擧動）

一にて

正面擊ち方の要領にて竹刀を上段に振り上ぐ

二にて

右足を右横一文字に開き、　左足之に適ふと同時に刀を右斜にかへし、　面の懸け聲と共に敵の左斜面を撃つ。　この場合左右の臂を伸す。
三にて
左足より元の位置にかへり、　右足これに適ふとともに中段の構へに復す。
右斜面の撃ち方（一擧動）
號令　　右斜面を撃て
一二の要領にて右斜面を撃ち、　三の要領にて中段の構へに復す。

(八)左斜面の撃ち方(三擧動)

一にて

正面撃ち方の要領にて竹刀を上段に振り下ぐ

二にて

左足を左横一文字に開き、右足之に適ふと同時に刀を左斜にかへし面の懸け聲とともに敵の右斜面を撃つ。この場合左右の臂を伸す。

三にて

右足より元の位置にかへり、左足これに適ふとともに中段の構へに復す。

左斜面の撃ち方(一擧動)

號令　左斜面を撃て

一二の要領にて左斜面を撃ち、三の要領にて中段の構へに復す。

(二)籠手の撃ち方(三擧動)

一にて

右拳が前額の約二寸の上に位する程度に振り上ぐ、

二にて

右足より一歩踏み出し、左足之に適ふと同時に籠手の懸け聲とともに敵の右籠手を撃つ。この場合左右の臂を伸し、刀尖の高さは右拳と略水平となるを以て度合と爲す。

三にて

左足より一歩退き、右足之に適ふと同時に中段の構へに復す。

籠手の撃ち方(一擧動)

號令　籠手を撃て

一二の要領にて籠手を撃ち、三の要領にて中段の構へに復す。

（ホ）胴の撃ち方（三擧動）

一にて
正面撃ち方の要領にて竹刀を上段に振り上ぐ

二にて
右足より一歩踏み出し左足之に適ふと同時に刀を右斜にかへし、胴の懸け聲とともに敵の右胴を大きく矢筈に撃ち込む。この場合左右の拳は淺く交叉す。

三にて
左足より一歩退き、右足之に適ふと同時に中段の構に復す。

胴の擊ち方(一擧動)

號令　　胴を擊て

一二の要領にて胴を擊ち、三の要領にて中段の構へに復す。

(ヘ)突きの突き方(三擧動)

一にて

右足を一步踏み出し兩手を絞り(茶巾絞りの要領突きの懸け聲とともに敵の咽喉部を突く。

この場合左右の臂を伸し、左拳は臍、右拳は乳の高さとなるを以て度合と爲す。
二にて
左足右足に適ふと同時に中段の構へに復す。
三にて
左足より一歩退き元の位置に復す。
突きの突き方（一擧動）
號令　突きを突け
一二の要領にて突きを突き、三の要領にて元の位置に復す。

連續業

籠手より面の撃ち方

中段の構へより右足を一步踏み出し、左足之に適ふと同時に敵の右籠手を撃ち（籠手の撃ち方の要領）更に一步踏み込み右足之に適ふや敵の眞向面を連續して二回撃ち（正面撃ち方の要領）左足より一步退き右足之に適ふや敵の右籠手を撃つ以上の方法を數回反覆するものとす。

籠手より突きの突き方

中段の構へより、敵の右籠手を擊ち籠手擊ち方の要領)更に一步踏み込み、左右之に適ふや敵の咽喉部を突く(突き突き方の要領)以上の方法を數囘反覆するものとす。

籠手より胴の擊ち方

中段の構へより、敵の右籠手を擊ち(籠手擊ち方の要領)左足より稍々左斜前方に大きく踏み出し、右足之に適ふと同時に敵の右胴を大きく矢筈に擊ち(この場合兩臂の交叉したる所は、臍の中心を失はざるやう、且つ左拳は一握り位右手の方に送り込み、竹刀の動搖せざる樣心掛くべし)直に左足を大きく一步退き、右足之に適ふと同時に、敵の右籠手を擊つ。以上の方法を數回反覆するものとす。

剣道手引草第一輯終

大正拾貳年四月十二日印刷
大正拾貳年四月十五日發行
大正拾貳年四月十八日再版發行
大正拾貳年四月廿八日三版發行
大正拾貳年五月十日四版發行

劍道手引草
第一輯奥附

定價金壹圓五拾錢

復製を許さず

著作者兼發行者　中山博道
東京市本郷區森川町壹番地

印刷者　平野源太郎
東京市小石川區指ケ谷町十二番地

印刷所　文成社印刷所

發行所　有信館本部出版部
東京市本郷區眞砂町三十七番地

〈復　刻〉

剣道手引草（オンデマンド版）

二〇〇二年五月十日発行

著　者　中山博道

発行者　橋本雄一

発行所　㈱体育とスポーツ出版社
東京都千代田区神田錦町二－九
電話　（〇三）三二九一－〇九一一
FAX　（〇三）三二九三－七七五〇

印刷所　㈱デジタルパブリッシングサービス
東京都新宿区西五軒町一一－一三
電話　（〇三）五二二五－六〇六一

ISBN4-88458-000-1　Printed in Japan　AA846